OMSCHRIJF EEN KUNSTENAAR

KIM ENGELEN

Door heel Nederland heb ik wildvreemde mensen dezelfde vraag gesteld: 'Omschrijf een Kunstenaar.'

OMSCHRIJF EEN KUNSTENAAR

Als mensen mij vroegen welke studie ik volgde en ik vertelde dat ik op de Kunstacademie zat, dan werd er meestal gereageerd met 'Ohja, dat had ik niet van jou verwacht.' Dat irriteerde me behoorlijk en ik vroeg me af hoe een kunstenaar er in hun verbeelding uitziet.

Ik denk dat het beeld dat bij de mensen heerst een nogal vastgeroest en bevooroordeeld beeld is. Maar waarom houdt dit beeld dan nog steeds stand? Mijn antwoord is denk ik dat de kunstenaars en de docenten op de academies dit beeld zelf in leven houden.

In mijn tijd op kunstacademie zag ik dat er mensen waren die zich in het propedeuse jaar regulier gedroegen en er normaal uitzagen totaal veranderden. Ze wilden zich qua uiterlijk aanpassen aan de meerderheidsgroep. En eenmaal behorende tot die 'elite' groep vertoonden ze snobisme. Vertoonden attitude problemen. Of werden plots chagrijnig als je ze bijvoorbeeld goedemorgen wenste.

En dán de docenten die jou moeten opleiden tot zelfstandig functionerend kunstenaar. Doe je uit fatsoen jouw stofjas uit bij een bespreking van je werk, dan vroegen ze mij of ik me er soms voor schaamde. En steken onder water geven als bleek dat je muziekkeuze geheel afweek van de rest. Of dat ze in het examenjaar, het laatste jaar tussen de drukte door in een cursus van zes bijeenkomsten je willen leren hoe je ondernemend kunstenaar moet zijn. Er blijkt dus een soort van onuitgesproken regel te zijn dat er niet over geld gesproken mág worden. Het beste voorbeeld nog is dat een docente (zelf kunstenares), tijdens een beoordeling van het werk mij verweet geen kunstenaarsmentaliteit te bezitten. Wat is een kunstenaarsmentaliteit eigenlijk?

Deze mevrouw heeft daar dus een duidelijk eenduidig beeld van waar niet van afgeweken mag worden.

Jammer toch dat juist net de enige groep mensen die dit beeld zou kunnen veranderen en waarvan je eigenlijk zou verwachten dat ze totaal openstaan voor alles wat nieuw en anders is en die zich willen afzetten tegen de foute dingen in de maatschappij, dat juist deze mensen last hebben van xenofobie en het liever allemaal zo laten. En dat ze dus helemaal niet zelfstandig en autonoom de dingen benaderen als wel in een groep. En dus zo weer een bepaald soort mensen wordt en zo op z'n beurt zo weer voor zichzelf een hokje creëren waar dan alle kunstenaars in horen te passen. En het oude vastgeroeste beeld van een omschrijving van een kunstenaar in stand blijft.

Vandaar dat ik wel eens wilde zien wat er in Nederland onder een kunstenaar wordt verstaan en of het allemaal wel zo dramatisch is als ik het mij nu voorstel.

In alle provincies van Nederland heb ik één willekeurig persoon gevraagd om deze vraag te beantwoordden. Dat ene antwoord heb ik gebruikt voor dit boekje dus ondanks wat het antwoord was, heb ik niet nog een ander persoon in die desbetreffende stad gevraagd dit in te vullen.

Kim Engelen, december 1998

OMSCHRIJF EEN KUNSTENAAR

**Een freak die stoned is met weinig geld --> een kraker.
Met alto kleren, dreadlocks of krulletjes haar.
Met zijn kunstwerken in de bakfiets en een sjekkie in z'n mond.**

Naam: Sabine van den Berg
Ontmoetingsplaats: Bibelot, Dordrecht

OMSCHRIJF EEN KUNSTENAAR

Hij is chaotisch.
Hij heeft een idee.
Hij verstaat zijn handwerk en kan het ook.
Hij staat open voor mensen.
Hij is verscheurd, soms dit, soms dat.
Soms lijdt hij veel aan het leven.

Naam: Jörgen Lindemann
Ontmoetingsplaats: Helfheuvel, Eindhoven

OMSCHRIJF EEN KUNSTENAAR

**Iemand die expressief bezig is en zijn gevoelens uit in een zo danige wijze dat mensen dat als kunst omschrijven.
In principe kan iedereen dus een kunstenaar zijn.**

Naam: Agnes de Boer
Ontmoetingsplaats: Gonzo, Nijmegen

OMSCHRIJF EEN KUNSTENAAR

Creatief.
Impulsief.
Bezeten.
Geïnspireerd.
Onregelmatig.
Uitdragend.
Non-conformistisch.

Naam: M. van Rinkhuyzen
Ontmoetingsplaats: Ikea, Heerlen

OMSCHRIJF EEN KUNSTENAAR

Positief: Kan doen wat zij/hij wil.
Is vrij. Geen vaste dagindeling.

Negatief: Leeft van dag tot dag. Weinig mensen om zich heen. Soms wel geld/soms niet.

Naam: Joyce van Cruchten
Ontmoetingsplaats: Markt, Sittard

OMSCHRIJF EEN KUNSTENAAR

**'N creatief persoon zet z'n/haar gedachten op papier/doek/beeld.
Sommige koks kunnen ook kunstenaar zijn.**

Naam: Medewerker restaurant
Ontmoetingsplaats: 'T Kelderke, Maaseik (België)

OMSCHRIJF EEN KUNSTENAAR

Een kunstenaar is iemand met een andere hoek van kijken naar 'de dingen'.

Naam: El Stenissen
Ontmoetingsplaats: Theater aan het Spui, 's-Gravenhage

OMSCHRIJF EEN KUNSTENAAR

Artistiek, fantasierijk persoon.

Naam: Nico Kroester
Ontmoetingsplaats: Pino's Scheveningen

OMSCHRIJF EEN KUNSTENAAR

**Een mens zoals alle mensen. Niet uiterlijk herkenbaar, maar toch innerlijk gezegend met een hoge dosis creativiteit en talent, voor welke kunstvorm dan ook. Zonder kunstenaars is de wereld saai & doods.
Kunstenaars helpen ons verder te durven kijken dan onze neus lang is.s**

Naam: Angélique Brok
Ontmoetingsplaats: Bijenkorf, Arnhem

OMSCHRIJF EEN KUNSTENAAR

Een veelzijdig artistiek mens die in staat is zijn/haar gevoelens te uitten in z'n werk en daarmee mensen een plezier kan doen.

Naam: E. Burhenne Peulen
Ontmoetingsplaats: Ziekenhuis, Venlo

OMSCHRIJF EEN KUNSTENAAR

Een kunstenaar is iemand die dingen doet die niet 'mogen', want hij moet en wil grensverleggend bezig zijn.

Naam: Frans Peters
Ontmoetingsplaats: Beyers, Breda

OMSCHRIJF EEN KUNSTENAAR

Gesteld op veel vrijheid/niet gebonden.
Bewust in het leven staan, maar voor zichzelf veel dromen/ idealen hebben.
Wonen niet in een nieuwbouwwijk: eerder in een oud pand!
Hele eigen stijl van kleding, per individu verschillend: beetje maf. Denken veel na over het leven en raken in de clinch met zichzelf bijv. door een gelovige opvoeding waar ze zich tegen verzet hebben.
O.k. dat zijn mijn vooroordelen!

Naam: Ricarda
Ontmoetingsplaats: Bibliotheek, Amersfoort

OMSCHRIJF EEN KUNSTENAAR

Picasso - schilderijen.
Rembrandt - schilderijen.
Vincent van Gogh - schilderijen.
Leonardo da Vinci - wetenschapper en multifunctioneel.
Michael Angelo - schilder & beeldhouwer.
Mondriaan - schilder.
Karel Appel - schilder.
Bij kunstenaars denk ik alleen aan hun werk, wat ze hebben achtergelaten.

Naam: Mohammed Hachache
Ontmoetingsplaats: Jaarbeurs, Utrecht

OMSCHRIJF EEN KUNSTENAAR

The art for me is like love.
The artist the lover.

Naam: Eveline Kozlouski
Ontmoetingsplaats: Steakhouse Parrillada Argentina, Antwerpen
(België)

OMSCHRIJF EEN KUNSTENAAR

Warrig type.

Naam: Jaap Klaver
Ontmoetingsplaats: Snackbar Judith, Hoorn

OMSCHRIJF EEN KUNSTENAAR

Chaotisch.

Naam: Carla van Hoek
Ontmoetingsplaats: Sportion, 's-Hertogenbossch

OMSCHRIJF EEN KUNSTENAAR

Rommelig. Apart uiterlijk. Uniek. Verfkleding. Iemand die lang uitslaapt en tot diep in de nacht doorwerkt. Veel feestjes en natuurlijk zeer creatief. Seks, drugs en Rock & Roll.

Naam: Elske Ros
Ontmoetingsplaats: 't Nekkermenneke, Hapert

OMSCHRIJF EEN KUNSTENAAR

Zijn creatief. Duidelijk een eigen mening. Lopen in afwijkende kleding. Vallen op tussen het publiek. Kun je altijd vinden met pen en papier voor ideeën. Weinig geld.

Naam: Wiepke Toering
Ontmoetingsplaats: Storkhal, Heerenveen

OMSCHRIJF EEN KUNSTENAAR

**Apart.
Kunstzinnig.
weinig geld.
Creatief.
Schilderen, tekenen, beeldden,
kleuren (zwart/wit ook),
abstract, vormen, licht, donker,
knippen, plakken.
'Opvallend' uiterlijk.**

Naam: Natasja Ganzeboom
Ontmoetingsplaats: Café de Boemel, Deventer

OMSCHRIJF EEN KUNSTENAAR

**Spontaan.
Zijn eigen levensfilosofie.
Omdat hij positief leeft maakt hij mooie dingen.
Hij is een bijzonder mens omdat hij creatief is.**

Naam: Hanne Felthaus
Ontmoetingsplaats: Centraal Station, Amsterdam

OMSCHRIJF EEN KUNSTENAAR

Heeft een bijzondere kijk op het leven. Omschrijf een vierkant is voor mij dezelfde vraag als omschrijf een kunstenaar: het is niet grijpbaar.
Een kunstenaar is veelzijdig en ik kan het niet samenvatten in een omschrijving.

Naam: Martijn van der Drift
Ontmoetingsplaats: Eetcafé Daan, Nieuwegein

OMSCHRIJF EEN KUNSTENAAR

Alternatieve personen.
Vrolijk.
Beetje teruggetrokken bestaan.
Blowen voor inspiratie.
Alleenstaand.

Naam: Meike van Son
Ontmoetingsplaats: Apenheul, Apeldoorns

OMSCHRIJF EEN KUNSTENAAR

**Aan een kunstenaar zit een steekje los, ze zijn vergeetachtig, vaak wel een net huis, ze kunnen niet zo goed met mensen omgaan, dus het lijkt of ze een soort contactstoornis hebben.
Kunstenaars kunnen ook heel normaal zijn hoor!**

Naam: Eelco Ros
Ontmoetingsplaats: Groninger Museum, Groningen

OMSCHRIJF EEN KUNSTENAAR

Kunstenaars zijn vaak zweverige types, wat teruggetrokken lui en zijn vaak met wazige dingen bezig.
Het zijn ook vaak echte wereldverbeteraars en ook een beetje wereldvreemd.

Naam: Mirjam Blauw
Ontmoetingsplaats: Park, Zwolle

OMSCHRIJF EEN KUNSTENAAR

Een kunstenaars is iemand die zijn gevoelens uitdrukt in een speciaal medium zoals; schilderijen, gedichten, zang en dergelijke.

Naam: Roelof Boot
Ontmoetingsplaats: Marine Haven, Den Helder

OMSCHRIJF EEN KUNSTENAAR

Een kunstenaars is iemand die op zijn eigen creatieve en unieke wijze schept of vormgeeft.

Naam: Paul Boven
Ontmoetingsplaats: Universiteit, Enschede

OMSCHRIJF EEN KUNSTENAAR

Iemand die gelooft dat het heel speciaal is wat die doet. Beetje mensen die schilderen wat ze denken, wat in hun hoofd zit. Het kán wel mooi zijn. Als het maar ergens over gaat, bestaande dingen.

Naam: Maarten Boone
Ontmoetingsplaats: Jachthaven Arne, Middelburg

OMSCHRIJF EEN KUNSTENAAR

Iemand die zich bezighoudt met het maken van schilderijen en beeldhouwkunst. Maar een echte kunstenaar is iemand die zichzelf durft te zijn en dit durft te uiten in zijn of haar werk.

Naam: Danielle Nieuwland
Ontmoetingsplaats: VVV-kantoor, Leeuwarden

OMSCHRIJF EEN KUNSTENAAR

Kunstenaars zijn mensen die zich excentriek opstellen en andere mensen hun eigen gefantaseerde wereldje proberen te verkopen, kunstenaars gaan meestal raar gekleed en velen zien er onverzorgd uit, ze hebben een uitgesproken mening waar ze weigeren van af te stappen, ik vind dat de meeste kunstenaars een plaat voor hun hoofd hebben of drugs gebruiken omdat ze de realiteit niet willen zien.

Naam: Dhr. R. Harmsen
Ontmoetingsplaats: Politiebureau, Assen

www.ingramcontent.com/pod-product-compliance
Lightning Source LLC
Chambersburg PA
CBHW030034230526
45472CB00002B/511